J. LAUMONIER

LES ÉTRANGERS

EN FRANCE

EXTRAIT DU CORRESPONDANT

PARIS

JULES GERVAIS, LIBRAIRE-ÉDITEUR

29, RUE DE TOURNON, 29

1887

LES ÉTRANGERS

EN FRANCE

J. LAUMONIER

LES ÉTRANGERS

EN FRANCE

EXTRAIT DU *CORRESPONDANT*

PARIS

JULES GERVAIS, LIBRAIRE-ÉDITEUR

29, RUE DE TOURNON, 29

1887

LES ÉTRANGERS EN FRANCE

Ce n'est pas sans raisons que l'on commence à se préoccuper, en France, des dangers que présentent les pénétrations étrangères contemporaines. Les éventualités de la politique extérieure semblent avoir enfin ouvert les yeux à bien des gens, qui étaient jusqu'ici restés sourds aux avertissements de la démographie et de la science sociale. Il est à souhaiter maintenant que les réformes soumises, à cet égard, au Parlement ne soient pas délaissées dans les cartons des commissions, et ne demeurent pas inefficaces. La taxe sur les étrangers est presque universellement usitée en Europe; nous seuls hésitons à nous en servir; et c'est en partie pour cela, par suite des privilèges et des immunités dont jouissent chez nous les immigrants, que notre territoire est littéralement envahi par des Belges dans le Nord, des Allemands dans l'Est, des Italiens dans l'Est, le Sud-Est et le Midi, des Espagnols dans le Sud-Ouest, etc. Cette cause est loin, du reste, d'être la seule à agir. La densité relative des populations voisines et les conditions économiques qui en sont la conséquence jouent le rôle réellement important, dans cet envahissement dont l'extension et les incessants progrès suffisent à indiquer la dangereuse influence.

Dans l'organisme social comme dans l'organisme biologique, l'homogénéité des parties et des organes est une condition indispensable du bon fonctionnement, et nous entendons par homogénéité, non pas similitude, mais concordance, non pas identité, mais harmonie, conformément au principe de la division du travail physiologique ou économique. C'est ainsi que, dans le corps humain, la présence d'éléments étrangers non assimilables dans l'estomac, par exemple suffit à déterminer un trouble qui peut se communiquer à tout l'organisme. Il en est exactement de même dans les sociétés. Quelque compréhensive et universelle qu'elle soit, la civilisation n'en a pas moins revêtu des formes spéciales à chacun des peuples parmi lesquels elle s'épanouit. Les conditions d'origine et d'évolution de ces peuples ont en effet créé aux individus qui les constituent une sorte de milieu particulier auquel ils sont complètement adaptés, et qui, formé par une multitude d'habitudes, d'idées et même de préjugés héréditaires, les étreint pour ainsi dire et les conduit tout le long de leur existence. Amener au milieu des individus ainsi façonnés, des éléments différents d'origine, de coutumes et de tendances, c'est créer un trouble social analogue au trouble physiologique de l'empoisonnement. Mais ce trouble peut avoir deux conséquences contraires : il détermine un bien, une réaction violente et salutaire, quand il est causé par l'apport d'une civilisation supérieure et accessible, d'un principe assimilable et efficace destiné à modifier certains accidents pathologiques internes ou à les faire disparaître, et encore faut-il en proportionner la dose à l'état de l'organisme; il détermine un mal, au contraire, quand il est causé par la pénétration d'éléments nuisibles, non assimilables ou inférieurs en qualité, surtout quand l'organisme qu'ils affectent est déjà anémié. Il faut remarquer en outre que l'âge auquel ces pénétrations s'accomplissent a une importance considérable. Au cours de la formation de l'organisme, elles sont souvent nécessaires, elles servent à le constituer, à donner à ses appareils plus de souplesse et de résistance, à le rendre plus adéquat à la multiplicité des conditions ambiantes auxquelles il est soumis. Mais, une fois achevé, historiquement individualisé, ayant pris sa « voie », il devient réfractaire à ces pénétrations, ou s'il les supporte, c'est par faiblesse et impuissance.

C'est précisément ce dernier rôle que les étrangers tiennent actuellement en France. Notre formation historique est achevée, notre civilisation aussi avancée que la leur, et, si on en excepte quelques matières premières, nous ne sommes réellement leurs tributaires sous aucun rapport. Ils agissent donc surtout d'une autre façon, et l'histoire de ces dernières années nous la fait très explicitement connaître. Sans vouloir revenir ici sur des faits douloureux, rappelons-nous la conduite des Allemands *immigrés* avant, pendant et après la guerre de 1870-71, les tendances séparatistes dont certaines régions du Sud-Est, infestées d'Italiens, furent alors le siège et enfin la composition des meneurs de la Commune de Paris, cette insurrection antinationale devant l'ennemi, où comme il l'a été démontré, l'élément français était si peu nombreux. (Cf. *Mémoires* du général Cluseret.) Depuis lors l'industrie allemande fait à la nôtre une redoutable concurrence et ne tend à rien moins qu'à ruiner nos nationaux; elle nous empoisonne lentement d'autre part, nous traitant, avec ses bières et ses alcools frelatées, à peu près comme les Anglais, par l'opium, traitent les Hindous; enfin les ouvriers allemands, belges et italiens enlèvent à nos ouvriers français de jour en jour plus de travail, en raison de la modicité relative des salaires qu'ils demandent et de la complicité intéressée des patrons, et servent trop souvent d'instrument à une politique antinationale, quand ils n'en deviennent pas les espions. C'est à ce titre que les journaux qui ont entrepris d'opposer une digue à l'envahissement étranger accomplissent une œuvre vraiment patriotique.

Beaucoup de gens, en France, aussi peu soucieux des leçons de l'histoire que des enseignements de la démographie, ne veulent pas comprendre la nécessité qu'il y a de limiter, autant que faire se peut, les pénétrations étrangères. Souvent c'est qu'ils vivent d'elles ou par elles, ou que, imbus d'une façon de philanthropie naïve, ils s'imaginent encore que les hommes sont vraiment frères et ont des idées, des besoins et des intérêts communs. Cette manière de voir a sa source dans ce que nous appellerons le « cosmopolitisme », — non seulement de certains ouvriers, mais encore et surtout d'une partie des classes dirigeantes, — la fréquentation d'individus de toutes les souches, le commerce, avec une instruction insuffisante, d'idées puisées à tous les milieux sociaux, de besoins factices, nés du contact de mœurs plus ou moins compatibles, de conceptions morales issues de la superposition de types ethniques très différents, ayant presque tous perdu leurs qualités natives par la transplantation et ne gardant que les défauts de leurs origines. Le fruit du cosmopolitisme est la *dénationalisation* de l'individu d'abord, sa *dégénérescence* ensuite.

C'est surtout dans les grandes villes, à Paris principalement, à Nice..., etc., que ces phénomènes sociaux sont visibles. Les étrangers qui y résident en grand nombre n'appartiennent tous ni au même peuple ni à la même race; ils apportent conséquemment des mœurs et des idées différentes de celles qui ont cours dans le pays, souvent même incompatibles avec elles. Aussi, par la fréquentation et les relations sociales nécessaires, ce que ces mœurs et ces idées importées ont de trop étrange s'atténue, mais il reste néanmoins et toujours un *substratum*, une sorte de code fondamental et uniforme du cosmopolitisme. Pour apprécier la valeur de ce code, il suffit de se reporter aux statistiques (Cf. le tableau II et l'*Annuaire statistique de la France*, 1885, etc.) qui montrent que la criminalité est plus élevée là que partout ailleurs, ce qui se comprend aisément si l'on réfléchit à l'origine de la plupart de ces étrangers, vaincus des batailles de la vie, bohèmes, chevaliers d'industrie, déserteurs, banqueroutiers, etc. Or ces gens n'ont plus, à proprement parler, de patrie. Obéissant à ces tendances qu'a si parfaitement analysées Lombroso (Cf. l'*Homme criminel.* — Tarde, *la Criminalité com-*

parée, etc.), ils se considèrent comme déliés de toute obligation envers elle, s'efforcent au moins de le faire croire et, par intérêt ou par passion, cherchent à propager cette idée. Ceux qui se trouvent mêlés à ces individus, en raison de leurs occupations, de leur genre de vie, ou des dispositions de leur esprit, ne tardent pas à perdre leur ancienne manière de voir, relativement aux devoirs du citoyen envers les autres citoyens et l'État; c'est-à-dire envers l'association permanente des fils d'un même sang, fondée sur la communauté des besoins et des aspirations, et à se cantonner dans cet *individualisme* qui consiste à tout sacrifier à ses propres intérêts, le bien et la vie des autres, la prospérité et l'indépendance du pays, comme si, dans l'organisme social, les individus n'étaient pas tous nécessairement solidaires. De là la dénationalisation et cette *anarchie* de la pensée qui fait de si grands ravages parmi les malheureux ignorants et les cerveaux détraqués.

La dégénérescence apparaît bientôt. Non seulement les pénétrations étrangères semblent en rapport avec la faiblesse de la natalité (cf. Lagneau : *Acad. des sc. morales*, 1884. — Marquis de Nadaillac, etc.), mais encore la démographie nous apprend (cf. Bertillon, *Démographie de la France*, dans le *Dict. encyclop. des sciences médicales*, IVe série; t. V, 2e fasc.) que, dans les régions où il y a beaucoup d'étrangers, la nuptialité est, en général, moindre que partout ailleurs, la natalité illégitime beaucoup plus élevée, ce qui amène un accroissement considérable dans la mortalité infantile et la mortinatalité, enfin la durée de la vie plus courte par suite du grand développement, dans les milieux ethniques très complexes, de certaines affections spéciales et notamment de la syphilis. De telle sorte que les régions pénétrées et plus spécialement les grandes villes, en raison de leurs conditions particulières, peuvent être considérées comme des foyers d'infection, comme de véritables abcès sociaux, qui, s'ils crèvent au dedans, peuvent empoisonner tout l'organisme. C'est donc justement que, par des taxes de séjour très élevées, on veut chercher à réduire l'abcès, ou à le faire crever au dehors, à éliminer ainsi tous les germes de virulence.

Si ce sont là les conséquences sociales des pénétrations étrangères, quelle peut en être la cause générale? Le Dr Bordier (cf. *Colonisation scientifique ; — Vie des sociétés*, etc.) a démontré que la densité relative des populations voisines est la raison principale des pénétrations. Toutes les autres considérations, — ethniques, politiques, économiques, — dérivent en effet de celle-là, car la grande densité d'une population suppose à la fois une complète culture du sol, une utilisation aussi parfaite que possible, pour la région et les races, de toutes les méthodes industrielles, enfin une abondance de la main-d'œuvre qui tend à abaisser le prix des salaires. Dès lors les ouvriers, les manœuvres, tous ceux qui vivent du travail manuel, cherchent à passer dans les régions où la population est moins dense que dans la leur, où conséquemment le sol est moins cultivé, le prix de main-d'œuvre plus élevé, parce qu'il est plus rare. C'est dans ce sens que M. Lagneau a pu dire (*Bull. de la soc. d'anthropologie*, 1884, p, 227) que, en France, l'immigration modère l'accroissement des salaires et des prix de revient. Une autre cause toutefois peut, en certains cas, déterminer l'immigration. Si, par exemple, le sol est trop pauvre pour nourrir ses habitants, même peu nombreux, ceux-ci vont chercher ailleurs de meilleures conditions d'existence. C'est ce qui semble actuellement arriver pour les immigrants Espagnols. On sait d'ailleurs que Liebig attribuait la décadence de l'Espagne à la disparition, de son sol, de la potasse et des phosphates (cf. Dubois-Reymond, *la Civilisation et la science*, dans la *Rev. Scientifique*, t. XXI, p. 674). Au contraire, les immigrants belges, anglais, allemands, italiens, etc., sortent de régions fertiles, très peuplées et fort avancées en culture

Ainsi, tandis que la densité moyenne de la France est de 71 habitants par kilomètre carré, celle de l'Allemagne est de 84, celle de l'Italie de 99, celle de l'Angleterre de 112, celle de la Belgique de 192, etc.; en revanche, celle de la Suisse est de 65 et celle de l'Espagne de 35 seulement.

Toutefois, les pénétrations réciproques peuvent atténuer les effets d'une trop nombreuse immigration. L'action des étrangers à l'intérieur est contrebalancée par celle des nationaux à l'extérieur; les influences se pénètrent réciproquement. Enfin l'émigration peut être plus considérable que l'immigration, et alors les pénétrations étrangères offrent d'autant moins de dangers, qu'elles deviennent, précisément en raison des conditions économiques qui provoquent une émigration abondante, de plus en plus difficiles.

Il n'en est malheureusement pas ainsi pour la France. Les étrangers sont, chez nous, plus nombreux que partout ailleurs, en Europe, et cette situation n'est aucunement compensée par le nombre des Français habitant l'étranger. Par exemple, tandis que, en 1881, il y avait sur notre sol plus d'un million d'étrangers, le chiffre des nationaux installés en dehors du territoire s'élevait seulement à 483 000. Cette même année, l'Angleterre comptait sur son sol, 283 000 immigrants, et l'Allemagne 277 000, contre 4 200 000 Anglais et 2 600 000 Allemands à l'extérieur. En d'autres termes, le nombre des étrangers en France étant 100, celui des

Français à l'étranger n'était que 47 (de Foville, *France écono-mique*, 1887).

La pénétration étrangère suit d'ailleurs, chez nous, une marche inquiétante, que met en évidence le tableau suivant :

ANNÉES	POPULATION DE LA FRANCE	NOMBRE DES ÉTRANGERS NON NATIONALISÉS	PROPORTION POUR 100 DES ÉTRANGERS
1851	35 783 170	376 000	1,06
1861	37 386 313	499 000	1,33
1872	36 102 921	733 000	2
1876	36 905 788	801 000	2,17
1881	37 672 048	1 001 000	2,66
1886	38 218 903	1 115 214	2,92

D'après l'*Album de statistique graphique* publié par le ministère de l'intérieur et des cultes, les étrangers, en 1881, se décomposaient comme il suit :

1° 430 269 *Belges*, dont 270 351 dans le Nord, 55 938 dans la Seine, 31 451 dans les Ardennes, 12 198 dans le Pas-de-Calais, 11 197 dans l'Oise, 7457 dans l'Aisne, 7309 dans Seine-et-Oise, 6285 dans la Marne, 6120 dans Meurthe-et-Moselle, 4345 dans Seine-et-Marne, 3066 dans la Somme, 3060 dans la Meuse, 1987 dans la Seine-Inférieure..., etc.

2° 81 981 *Allemands*, dont 35 954 dans la Seine, 12 132 dans Meurthe-et-Moselle, 2585 dans les Vosges, 2220 dans la Meuse, 2032 dans Seine-et-Oise, 1954 sur le territoire de Belfort, 1950 dans la Marne, 1678 dans la Seine-Inférieure, 1518 dans le Rhône, 1516 dans les Alpes-Maritimes, 1514 dans le Doubs, 1386 dans le Nord, 1274 dans la Haute-Marne, 1188 dans l'Aube, etc.

3° 66 300 *Suisses*, dont 23 422 dans la Seine, 9082 dans le Doubs, 4058 dans le Rhône, 2885 dans les Bouches-du-Rhône, 2808 dans la Haute-Savoie, 2003 dans Seine-et-Oise, 1381 sur le territoire de Belfort..., etc.

4° 239 986 *Italiens* dont 66 663 dans les Bouches-du-Rhône, 34 976 dans les Alpes-Maritimes, 26 348 dans la Seine, 21 446 dans le Var, 15 032 dans la Corse, 9253 dans le Rhône, 6246 dans la Savoie, 4410 dans l'Isère, 4187 dans l'Hérault, 3705 dans les Hautes-Alpes, 3015 dans le Gard, 2842 dans la Loire, 2695 dans la Haute-Savoie, 2661 dans la Haute-Marne, 2499 dans les Basses-Alpes, 2275 dans Seine-et-Oise, 2161 dans le Doubs, 1970 dans Meurthe-et-Moselle, 1916 dans l'Ain, 1904 dans la Côte-d'Or, 1783 dans le Jura, 1668 dans Saône-et-Loire, 1279 dans le Pas-de-Calais, 1237 dans Vaucluse, 1122 dans l'Aisne, 1060 dans la Meuse..., etc.

5° 74 861 *Espagnols* et *Portugais*, dont 14 604 dans les Basses-Pyrénées, 10 474 dans les Pyrénées-Orientales, 8034 dans l'Aude, 6590 dans le Lot-et-Garonne, 6147 dans le Gers, 5168 dans la Gironde, 4312 dans la Seine, 3814 dans l'Hérault, 3720 dans la Haute-Garonne, 2644 dans les Hautes-Pyrénées, 1969 dans les Bouches-du-Rhône..., etc.

6° 46 722 *Anglais* et *Américains* dont 19 066 dans la Seine, 5798 dans le Pas-de-Calais, 2939 dans les Alpes-Maritimes, 1990 dans la Seine-Inférieure, 1760 dans les Basses-Pyrénées, 1674 dans le Nord, 1217 dans l'Oise, 1131 dans Seine-et-Oise, 1087 dans la Gironde..., etc.

7° Enfin on compte encore 21 200 *Hollandais*, 12 100 *Austro-Hongrois*, 11 000 *Russes*, 10 000 *Grecs*..., etc., etc. en tout 60 335 étrangers appartenant à diverses nationalités dont : 28 002 dans la Seine, 3883 dans la Marne, 3627 dans Meurthe-et-Moselle, 2860 dans le Nord, 2060 dans les Alpes-Maritimes, 1964 dans les Bouches-du-Rhône, 1776 dans les Ardennes, 1628 dans Seine-et-Oise, 1173 dans l'Oise, 1172 dans le Rhône, 1085 dans la Meuse..., etc.

En résumé, les départements qui contiennent, en chiffres absolus, le plus d'étrangers sont : le Nord 277 512; la Seine 193 046; les Bouches-du-Rhône 75 738; les Alpes-Maritimes 43 803; les Ardennes 34 814; Meurthe-et-Moselle 24 800; le Var 22 941; le Pas-de-Calais 20 171; les Basses-Pyrénées 17 265; le Rhône 16 971; Seine-et-Oise 16 638; l'Oise 15 860; la Corse 15 311; la Marne 13 993; le Doubs 13 646; les Pyrénées-Orientales 10 960; l'Aisne 10 573..., etc.

Le tableau suivant donne la proportion des étrangers dans les départements où ils sont *le plus* et *le moins* nombreux par rapport à la population totale. En regard se trouve le chiffre de la criminalité, dans ces mêmes départements, le nombre des indigents *secourus*, des naissances illégitimes..., etc., ce qui permet d'apprécier la valeur sociale des milieux ethniques très complexes, et de vérifier ce que nous avons dit plus haut relativement à l'influence du cosmopolitisme.

DÉPARTEMENTS	Pour 1000 habitauts combien d'étrangers ?	Pour 1000 habitants combien de criminels ?	Pour 1000 habitants combien d'indigents ?	Pour 1000 femmes non mariées combien de naissances illégitimes ?
1. Alpes-Maritimes . .	193,3	12	71,2	11,1
2. Nord.	173	5,4	143	26,6
3. Bouches-du-Rhône.	128,5	10,6	77	36,2
4. Ardennes. . . .	104,3	5,1	18,9	15,3
5. Var.	79,5	7,3	28.6	12,6
6. Seine.	68,9	9,7	71,2	36,5
7. Meurthe-et-Moselle.	59,1	7,4	50	17,6
8. Corse. . . .	56,2	12,6	2,7	14,4
9. Pyrénées-Orientales.	52,5	5,8	4	15,4
10. Belfort. . . .	51,9	5	18,5	23,7
11. Doubs. . . .	43,9	7,8	8,5	19,8
12. Basses-Pyrénées.	39,7	4,9	28,5	14,1
13. Oise. . . .	39,2	6,2	28,5	21,7
14. Marne. . . .	33,2	6,3	27,9	26,4
15. Hautes-Alpes.	31,4	6,4	3,9	6,5
16. Seine-et-Oise. .	28,8	7,2	31,2	22,2
17. Aude. . . .	28,2	4,9	20,8	10,6
18. Meuse. . . .	26,8	5,1	17,8	11,7
Moyenne. . . .	68,8	7,2	36,5	19,4
70. Manche. . .	1,5	3,2	43,5	11,5
71. Tarn. . . .	1,4	3	14,5	7,2
72. Puy-de-Dôme. .	1,4	2,8	12,3	6,5
73. Loire-Inférieure.	1,4	3,6	31,1	9,6
74. Ariège. . .	1,2	4,5	14,7	11
75. Corrèze. . .	1,2	3,3	11,6	13,3
76. Landes. . .	1,2	3,7	16	21,3
77. Orne. . . .	1,2	3,2	40	13,9
78. Haute-Loire. .	1	2,5	15,8	7,6
79. Côtes-du-Nord. .	1	2,1	29,4	8,1
80. Aveyron . .	1	4,1	19,6	9,8
81. Cantal. . . .	0,9	3,1	10,3	10
82. Lozère. . .	0,8	4,7	21,7	11,3
83. Mayenne. . .	0,7	3,4	58,8	9
84. Creuse. . .	0,6	2,1	4	12,2
85. Finistère. . .	0,5	4	19,6	9
86. Morbihan. . .	0,4	3	19,2	6
87. Vendée. . .	0,3	2,7	13,8	6,6
Moyenne. . . .	1	3,2	21,8	10,2
Moyenne de la France entière.	26,6 (a)	5,2 (b)	35,5 (c)	18,2 (d)

Un précieux enseignement ressort de ces diverses données statistiques. Le nombre moyen des criminels, des indigents et des

(a) D'après l'*Album de statistique graphique*, 1882.
(b) D'après l'*Annuaire statistique de la France*, 1885.
(c) D'après l'*Album de statistique graphique*, 1882.
(d) D'après Bertillon, *Démographie de la France*, tableau VIII, 1879.

illégitimes est plus élevé dans les départements envahis que dans les autres : ce qui est l'indice de phénomènes sociaux d'une haute importance. En effet, si la criminalité tend presque partout, — excepté dans certaines régions celtiques, la Bretagne par exemple, — à se superposer à l'indigence, celle-ci, d'un autre côté, marque une sorte de scission sociale interne, malgré le grand développement corrélatif des sociétés de bienfaisance, une opposition tacite des classes, car la grande misère de beaucoup est l'énorme fortune de quelques-uns. Toutefois, dans les départements pauvres, c'est-à-dire peu exploités, comme la Corse, comme certaines régions des Alpes et de l'Auvergne, s'il n'y a pas de grandes fortunes, il n'y a pas non plus de trop grande pauvreté, car, en général, la propriété terrienne y est fort morcelée et suffit communément à entretenir ceux qui la détiennent. L'ouvrier des pays industriels n'a que ses bras ; le paysan des régions agricoles a tout au moins un champ qui l'occupe et le nourrit : la terre ne se met pas en grève. Voilà pourquoi, en dehors même du petit nombre des bureaux de bienfaisance (cf. *Album de statistique graphique*, 1882, carte n° 11), ces départements du Centre ont un chiffre peu élevé d'indigents ; voilà pourquoi aussi le chiffre de la criminalité — surtout contre la propriété (cf. *De la Justice criminelle en France de* 1826 à 1880. Imp. nat. 1882, pl. 2) — est très élevé dans les régions où il y a beaucoup d'indigents secourus et où la civilisation technique ou industrielle est très développée. Les étrangers contribuent d'autant plus à aggraver cette situation qu'ils font une plus rude concurrence, sur le même terrain, à nos nationaux. Le grand nombre des naissances illégitimes prouve d'autre part l'existence de certains troubles sociaux. D'abord l'affaiblissement de la nuptialité, car les immigrés se marient peu, réservant les épargnes qu'ils peuvent faire à une union contractée dans leur pays d'origine, et favorisent conséquemment le développement de la prostitution, à laquelle les milieux industriels sont déjà si propices ; de l'infécondité, de la mortinatalité, etc. ; en second lieu la diminution de la durée de la vie qu'affectent non seulement l'alcoolisme, le tabagisme, etc., mais encore le célibat ; tous les démographes savent, en effet, que les chances de survie sont plus faibles pour les célibataires que pour les gens mariés. Pour achever de mettre en évidence les influences sociales des immigrations, nous aurions voulu dresser le tableau, par départements, des cas d'insoumission et de désertions militaires. Malheureusement il nous a été impossible, même en consultant les « Comptes généraux de la justice militaire », de réunir les documents suffisants. Cependant, de notre enquête personnelle, il *semble* résulter que le chiffre de cette criminalité est de 1/7 à 1/9 plus élevé dans les 14°, 15°, 17°, et

18e régions que dans les 9e, 10e, 11e et 12e. Mais ce ne sont là que des données très approximatives.

En commençant cette étude sommaire sur les « Étrangers en France », nous avons dit que l'homogénéité des parties de l'organisme social est une condition indispensable à son bon fonctionnement, à sa santé, à sa durée, car l'hétérogénéité amène l'antagonisme des groupes et des individus, au point de vue des besoins, des intérêts et des tendances, la rupture de l'association et finalement son absorption partielle ou totale par un organisme plus homogène, en vertu de cette formule que « c'est rendre service à un pays que de l'asservir quand la lutte sociale y est devenue trop violente ». Partout où elles se produisent, les pénétrations étrangères amènent l'hétérogénéité, nécessairement. Les ouvriers belges, allemands ou italiens qui viennent chez nous gagner leur vie ne peuvent arriver à leur but qu'en abaissant le prix de leur main-d'œuvre au-dessous de celui de la main-d'œuvre des ouvriers français, prix d'ailleurs déterminé non seulement par le rapport entre l'offre et la demande, mais encore par les exigences de l'existence individuelle. S'ils trouvent de l'ouvrage, c'est donc au détriment de nos nationaux, qui sont obligés de supporter le chômage et la misère : de là, antagonisme des intérêts et des besoins. En outre ces ouvriers immigrés sont le produit d'une évolution historique et ethnique différente de la nôtre; ils apportent des idées et des préjugés héréditaires, auxquels ils ne peuvent jamais complètement échapper, une moralité, des principes sociaux souvent incompatibles avec ceux que l'éducation nous a données. Quoi qu'on en ait dit, l'entente des « prolétariats » est une utopie, parce que des conditions spéciales à chacun d'eux les ont diversement constitués : de là antagonisme des tendances.

Les avantages économiques que les pénétrations étrangères peuvent apporter, ne pallient point le mal qu'elles font aux populations parmi lesquelles elles se produisent. Comme le disait Vauban « c'est par le nombre des sujets que la grandeur des rois se mesure », et toutes causes qui tendent à restreindre ce nombre et à en affaiblir la vitalité doivent être vivement combattues. Indubitablement la présence des étrangers est une de ces causes, puisqu'elle augmente la misère, diminue la nuptialité, la natalité, la durée de la vie, favorise le développement de la criminalité, de la prostitution et de beaucoup d'autres maladies sociales. Comment donc l'État n'aurait-il pas le devoir de s'opposer à leur envahissement, ou tout au moins de chercher à compenser, par une redevance, le tort qu'il cause à l'unité et à la vitalité de l'organisme social?

PARIS. — E. DE SOYE ET FILS, IMPRIMEURS, 18, RUE DES FOSSÉS-SAINT-JACQUES

PARIS. — E. DE SOYE ET FILS, IMPRIMEURS, 18, RUE DES FOSSÉS-SAINT-JACQUES.

9 782019 971250